シリーズ戦争 語りつごう沖縄 ①

沖縄県の自然と文化

安斎育郎 文／監修

（写真提供：OCVB）

新日本出版社

シリーズ戦争 語りつごう沖縄
第1巻　沖縄県の自然と文化

もくじ

この本をよむ人へ（はじめに）	3
沖縄県はここにある	4
日本最南端の小学校―沖縄県竹富町立波照間小中学校	6
日本最西端の小学校―沖縄県与那国町立久部良小学校	10
沖縄で思い出す第1位は「ゴーヤー」？	14
沖縄の魔よけ「シーサー」	16
沖縄の美しい海と「オジサン」	18
沖縄の自然	20
――ガジュマルの木	
――イリオモテヤマネコ、ヤンバルクイナなどの固有種	
――ジュゴンと米軍基地問題	
――沖縄の自然洞窟：ガマと戦争	
沖縄の伝統文化――琉球舞踊、エイサー	24
沖縄の伝統スポーツ――空手（Karate）の国際化	26
沖縄の日本一：出生率が高く、死亡率が低い	28
沖縄県ってどんな県？――沖縄県の基本データ	30
沖縄県のいま（1）観光の島	32
沖縄県のいま（2）戦争の記憶の島	34
沖縄県のいま（3）基地の島	36
沖縄県のいま（4）平和発信の島	38

ゴーヤー
（写真提供：OCVB）

シリーズ戦争 語りつごう沖縄【全5巻】
第1巻　沖縄県の自然と文化
第2巻　琉球王国から沖縄県へ
第3巻　悲劇の沖縄戦
第4巻　基地問題にゆれる島
第5巻　沖縄戦を忘れない

この本をよむ人へ（はじめに）

日本は、47の都道府県からなりたっています。

○北海道地方（北海道）
○東北地方（青森県 岩手県 宮城県 秋田県 山形県 福島県 ）
○関東地方（茨城県 栃木県 群馬県 埼玉県 千葉県 東京都 神奈川県）
○中部地方（新潟県 富山県 石川県 福井県 山梨県 長野県 岐阜県 静岡県 愛知県）
○近畿地方（三重県 滋賀県 京都府 大阪府 兵庫県 奈良県 和歌山県）
○中国地方（鳥取県 島根県 岡山県 広島県 山口県）
○四国地方（徳島県 香川県 愛媛県 高知県）
○九州地方（福岡県 佐賀県 長崎県 熊本県 大分県 宮崎県 鹿児島県 沖縄県）

　この本が取り上げる「沖縄県」は、日本の一番南にあり、11市、11町、19村からなります。160の島じまがあり、そのうちの49の島じまで人々が暮らしています。意外かもしれませんが、沖縄本島の読谷村は「日本一人口の多い村」（約41,000人）、北中城村は「日本一人口密度の高い村」（約1,400人／平方キロメートル）です。

　沖縄県の気候は亜熱帯性で、マンゴーやドラゴンフルーツなどのトロピカルフルーツ、サトウキビやゴーヤーなどの農作物の産地として知られています。

　沖縄出身の芸能人やスポーツ選手も広く活躍していますね。2018年に引退した安室奈美恵さんをはじめ、国仲涼子さん、仲間由紀恵さん、夏川りみさん、新垣結衣さん、宮里藍さんなど、女性たちも大活躍です。

　しかし、沖縄県は太平洋戦争が終わった1945年から27年間はアメリカの統治下にあったため、日本に返還された1972年までは「県」としては数えられていませんでした。実は、沖縄県には、ほかの県とはちがう波乱に満ちた歴史がありました。この本では、沖縄の「むかし」と「いま」と「これから」について考えていきたいと思います。

沖縄県はここにある

沖縄県は、日本の一番南の県です。鹿児島県の南の島じま（種子島、屋久島、喜界島、奄美大島、徳之島、沖永良部島、与論島）よりも南側に、沖縄県の160の島じまがあります。北は伊平屋島、南は波照間島、西は与那国島、東は北大東島のとても広い海域に島じまが点在しています。

日本最南端の小学校
——沖縄県竹富町立波照間小中学校

　日本で一番南にある小学校は、沖縄県八重山郡竹富町立波照間小中学校です。いまは小学校と中学校がいっしょになっています。

　波照間島は、前ページの地図の西表島の南約20kmにあり、「はてるま」という名前は「果てのサンゴの島」という意味に通じているとも言われています。

波照間小学校・中学校合同水泳教室

教育目標
島を愛し、共生・じりつできるウタマ
（知）自ら学ぶウタマ
（徳）心豊かなウタマ
（体）たくましく、ねばり強いウタマ

※「ウタマ」は島の言葉で「子ども」を表します。

夏休み親子水泳教室

書初め大会で「美しい心」と書く

『星になったこどもたち』1993年5月27日

作詞：波照間小学校全児童合作
作曲：豊川　正晃
編曲：上運天　栄

（2番）
南風見の海岸に　きざまれている
忘れな石という　ことば
戦争がなければ　こどもたち
楽しくみんな　あそんでた

さびしいよ　いたいよ　お父さん
帰りたい　帰りたい　波照間へ

※忘勿石（忘れな石）は、西表島の南側の海岸（波照間島に面した南風見田の浜）にある石碑です。

「波照間を忘れるな」
シキナは戦争当時の校長先生の名前

波照間島の悲しい記憶

　第2次世界大戦中の1945年、沖縄は悲惨な戦争（沖縄戦）に巻き込まれました。波照間島の住民は軍の命令で西表島に移され、南風見田の浜で集団生活を送りましたが、軍による激しい暴力に加えて、マラリアという病気に苦しめられました。ハマダラカという蚊が媒介する感染症です。

　波照間島に帰った後も島民の苦しみは続きました。軍によって家畜は殺され、家や田畑は荒らされていたため、ソテツやイモや野草で命をつなぎました。西表島に移住させられた1,275人の大半がマラリアにかかり、461人が死にました。上の波照間小学校全児童合作の詩は、その悲劇をうたっています。

波照間ブルーの美しいニシハマ（写真提供：OCVB）

嘉良 寧校長先生のメッセージ

　波照間小中学校は私の母校です。島には高校がないため、波照間の子どもたちは中学校を卒業すると島を離れます。私もそうでした。そこで、私たちは「じりつできるウタマ（子ども）」を育むことを大切な目標にしています。

　「じりつ」は「自立」と「自律」を意味します。

　「自立」は他人に頼りきったり言いなりになったりせずに、自分の力で生きることです。

　「自律」は自分勝手にふるまうのではなく、自分の行動に責任をもって生きることです。

　また、島のすばらしさを感じ、誇りをもって生きられるよう、伝統文化を学び、体験するチャンスづくりに努めています。

　全国の皆さんも、波照間の子どもたちにエールを送って下さい。

波照間小学校の校章

- 「小」の黄色（金色）は、「明るく元気で、星のように輝く波っ子」＝「地上の星」を表しています。
- 「小」の字を縁どっている緑色は、波照間の豊かな自然を表しています。
- バックの赤は、人々がともに支えあう情熱的な心を表しています。
- 紺色は波照間の力強い波の色で、深い可能性を表しています。
- 波を縁どっている白色は波しぶきで、波っ子のキラキラした光り輝く躍動感を表しています。

▶最南端の波照間小中学校と波照間島のことをもっと知るサイト
竹富町立波照間小中学校　http://www.taketomicho-boe.jp/12/
竹富町観光　https://painushima.com/
OKINAWA41　最南端　https://www.okinawa41.go.jp/sp061802/
　　　　　　　　　　https://www.okinawa41.go.jp/location/taketomi/

「小中交流講話」で話す中学生

先生たちも研究授業でたがいに勉強しています

波照間島(はてるまじま)は人が生活している日本最南端(さいなんたん)の島です

日本最南端平和の碑
（写真出典：OKINAWA41 特集日本最南端記事
https://www.okinawa41.go.jp/reports/8060/）

波照間島は人が住んでいる日本最南端の島で、ここに「日本最南端平和の碑」があります。第2次世界大戦が終わってから50年目を記念して、1995年に建てられました。

また、1994年には「波照間島星空観測タワー」が建てられました。4月下旬(げじゅん)〜6月中旬(ちゅうじゅん)には、本土では見ることの出来ない「南十字星」が見られます。

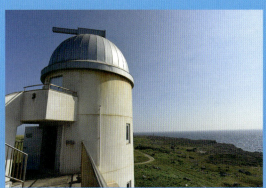

波照間島星空観測タワー
（写真提供：OCVB）

日本最西端の小学校
——沖縄県与那国町立久部良小学校

門にはヨナグニサンの校章とシーサー

日本で一番西にある小学校は、沖縄県八重山郡与那国町立久部良小学校です。与那国島は沖縄本島から500km余りで、台湾までは111ｋmです。天気のいい日には台湾が見えます。

久部良は「漁業のまち」で、久部良港は与那国島で唯一の漁港です。島には、与那国小学校、比川小学校、久部良小学校の3校があり、久部良小学校が最西端です。

久部良小学校は児童数は40人弱の小規模校ですが、子どもたちが心に秘めたパワーは無限です。

教育目標

くぶらっ子ゆいプラン（ゆい＝結＝共同）
〈心はふるさとを見つめ、瞳は世界を見すえる久部良っこ〉

進んで学びよく考える子（かしこく）

心豊かな子（やさしく）

身も心もじょうぶな子（たくましく）

久部良小学校校歌

作詞　宮良政貴
作曲　糸洲長良

（1番）
島のなごみを　かなでたる
ひたひた寄する　潮の音
希望にもえて　空高く
すくっと立つは　久部良校

▶最西端の久部良小学校と与那国島のことをもっと知るサイト
与那国町立久部良小学校　http://kuburashou.blog.fc2.com/
与那国町観光　http://yona-shoko.com/
OKINAWA41　最西端　https://www.okinawa41.go.jp/sp0618/
　　　　　　　　　　https://www.okinawa41.go.jp/location/yonaguni/

与那国馬（ヨナグニウマ）ものんびり暮らす
与那国島の風景
（写真提供：OCVB）

校章になった「ヨナグニサン」

ヨナグニサンは「ヤママユガ」の仲間で、羽を広げると25cmほどもあり、世界最大級の昆虫です。与那国の言葉では「アヤミハビル」と呼ばれますが、模様のある（アヤミ）蝶（ハビル）の意味で、「アヤミハビル館」という展示館があります。沖縄県の指定天然記念物です。英語では、ギリシャ神話の巨人「アトラス」にちなみ、「アトラス・モス」と呼ばれています。

沖縄が返還される前、「琉球郵便」の切手のデザインに使われていました。ヨナクニサンとも呼ばれます。

ヨナグニサン
（上、写真出典：Wikipedia）と
デザインに使われた切手

朝のクブランタイム(教師と児童で仲よく運動）の様子

ボランティア読み聞かせの会「ピッピの会」

田場盛博校長先生のメッセージ

　久部良小学校では、「心はふるさとを見つめ、瞳は世界を見すえる久部良っ子」をめざし、●進んで学びよく考える子（＝かしこく）、●心豊かな子（＝やさしく）、●身も心もじょうぶな子（＝たくましく）をめざして、知・徳・体のバランスのとれた教育を心がけています。子どもたちが将来「能力や個性を十分発揮できる」よう、確かな学力を身につけるとともに、『生きる力』をはぐくんでいきたいと思います。

　そのためには、何ごとにもどんどんチャレンジしていく態度を育てたいですね。「急いで結果を求める」よりも、「努力していく過程・プロセスが大切だ」と考えています。「失敗してもあきらめないこと」、「何度も何度も挑戦して乗り越えていくこと」—そんなことを大切にして「学ぶことの意味」を理解できるように成長してもらいたいと思います。

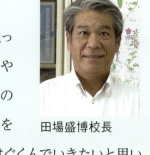

田場盛博校長

鼓笛パレードの様子

激しいデッドヒートのレース模様

　与那国島には、琉球王朝文化と南方文化両方を反映した独特の芸能や文化が今でも語りつがれ、歌いつがれ、踊りつがれています。久部良小学校では「ふるさとを見つめる」活動として、旧暦5月4日に漁業関係者が海の安全や豊漁を祈願して行う「海神祭」のパレードにも参加します。

　海神祭では「ハーリー船」の競漕が行われますが、激しいレースに観客も大興奮です。

※ハーリー：沖縄（琉球）で600年前から続く伝統的な漁船のレース。ハーレーともいう。

年に何回か台湾が見える最西端の島・与那国

　与那国島は、日本で最後に夜が明け、最後に陽が沈む島です。日本の他の領土よりも台湾の方が近く、年に数回台湾の山々が見えます。
　おもな産業は漁業、サトウキビ栽培、畜産、観光産業で、島のまわりにはダイビングの名所がたくさんあり、シュモクザメ（ハンマーヘッド）などが観察できます。
　2016年、陸上自衛隊の駐屯地が開設されました。

最西端之碑（写真提供：OCVB）

与那国島も戦争マラリアの被害を受けた

　第2次世界大戦中の1944年10月10日、アメリカ軍は沖縄の島じまに空襲を加え、たくさんの爆弾を落としました。与那国島では、住民が他の島に移住させられることはありませんでしたが、十・十空襲のあと空襲がはげしくなり、戦災で家を焼かれて山に逃げ込んで生活したため、たくさんの人がハマダラカに刺されてマラリアという病気に感染しました。与那国島の4,745人の住民のうち3,171人が感染し、治癒する薬もないままに366人が亡くなりました。

小学校も海神祭に参加

職域リレーで勝利に喜ぶ久部良小の職員とPTAの皆さん

13

沖縄で思い出す第1位は「ゴーヤー」?

ゴーヤー（写真提供：OCVB）

ゴーヤーはちょっと苦味があるので、それこそ「ちょっと苦手」という人もいるかもしれません。

でも、夏の暑い季節などには、このほろ苦さが口の中をさっぱりさせて食をすすめ、夏バテ防止に役立つとも言われています。

ゴーヤーは「ゴーヤーチャンプルー」などいろいろな料理に使える沖縄の夏野菜です。「チャンプルー」というのは「ごちゃまぜ」という意味で、「ゴーヤーチャンプルー」は、ゴーヤーを主役に豆腐、肉、もやし、ソーメンなどをいっしょに炒めあわせたおいしい料理です。

毎年5月8日は「ゴーヤーの日」です。1997年に沖縄県と沖縄県経済農業協同組合連合会がゴーヤーを広く知ってもらうために決めたのですが、「5・8＝ゴーヤー」という語呂合わせだけでなく、この季節からゴーヤーの生産量が増える意味もこめて「5月8日」が選ばれました。

ちょっと右のカレンダーを見てください。

「ゴーヤーの日」の下にもう一つ、「第2次世界大戦中に命を失ったすべての人に追悼を捧げる日」と書いてあります。

これは何でしょうか？

5月

8

● ゴーヤーの日
● 第2次世界大戦中に命を失ったすべての人に追悼を捧げる日

第2次世界大戦中に命を失ったすべての人に追悼を捧げる日

　第2次世界大戦は、1939年9月1日〜1945年9月2日の6年間、ドイツ・イタリア・日本などの「枢軸国」と、アメリカ・イギリス・フランス・ソ連・中国などの「連合国」の間で戦われた戦争で、世界中でおよそ5000万人もの人が命を失いました。

　1945年5月8日〜9日、「枢軸国」の中心だったドイツが「連合国」に降伏しました。当時ドイツはアドルフ・ヒトラーとナチ党によって支配されていたので、「ナチス・ドイツ」と呼ばれます。何百万人ものユダヤ人が殺されるなど、ナチス・ドイツの時代にはとても悲惨なことが起こりました。

　2004年、国連はナチス・ドイツが敗北した5月8日・9日を、「第2次世界大戦中に命を失ったすべての人に追悼を捧げる日」と決めました。「追悼を捧げる」というのは、亡くなった人を偲び、心のいたみや悲しみを表すことです。

　「ゴーヤーの日」に、第2次世界大戦中の沖縄戦で亡くなった方々を思うこころも忘れたくないものです。

ゴーヤーの地域別生産量

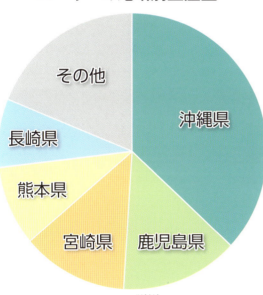

※地域特産野菜生産状況調査結果（農林水産省）より作成

　ゴーヤーの生産量では、沖縄県がだんぜんトップです。左の図に示されるように、2位以下も九州地方の県で占められています。

　ところが、沖縄本島産のゴーヤーは1990年まで、また八重山産のゴーヤーは1993年まで、「持ち出し禁止」でした。ゴーヤーなどのウリの仲間につく害虫「ウリミバエ」を広げないためでした。

　沖縄県では放射線を使って子孫をつくれないオスのウリミバエを大量に飼育し、環境に放ち続けて、とうとうウリミバエを絶滅させました。

ウリミバエ（写真出典：Wikipedia）

沖縄の魔よけ「シーサー」

沖縄に行くと、空港にも街中にも住宅地にも、「シーサー」がいっぱいいます。
いったいシーサーにはどんな意味があるのでしょうか？

シーサーってなに？

　中国や日本の仏教は、今から2500年近く前、インドのゴータマ・シッダールタという人によって開かれました。釈迦（シャカ、おしゃかさま）と呼ばれている人で、もとは「シャキャムニ」（シャキャ族の聖人）という意味です。

　仏教では「サンスクリット語」という言葉が使われていましたが、釈迦の教えにはたびたび「百獣

伊計島へわたる伊計大橋のシーサー（写真提供：OCVB）　　　那覇市・国際通りのシーサー（写真提供：OCVB）

の王」ライオンが登場しますので、ライオンは特別な動物と考えられるようになりました。ライオンはサンスクリット語で「シンハー」といいますが、それが、中国に伝えられて「獅子」（しし）と訳され、沖縄で「シーサー」になったと考えられます。人々の守り神と考えられています。

　一方、朝鮮半島の高麗（こま）から日本に伝えられた聖獣は「こまいぬ（狛犬）」と呼ばれ、初めは角が1本生えていました。平安時代には「しし」と「こまいぬ」がペアで置かれましたが、やがて区別があいまいになり、両方が合わさったような姿になりました。沖縄のシーサーも「しし」のようでもあり、「こまいぬ」のようでもありますね。

　沖縄に行ったら、いろいろなシーサーを探してみましょう。

沖縄県島尻郡八重瀬町富盛の石彫巨大シーサー（左は沖縄戦中弾除けにする米軍、右写真提供：OCVB）

八重瀬町の巨大シーサーの穴

　一番古くて大きいシーサーは、沖縄県八重瀬町の富盛地区にあるシーサーで、「沖縄県指定有形民族文化財」に登録されています。高さ約1.4メートル、長さ約1.75メートルで、表面にいくつもの穴がありますが、これはこの地域が沖縄戦の戦場だったからです。日本軍は八重瀬岳に陣地を築きましたが、アメリカ軍は八重瀬岳に向かって建つこのシーサーを弾除けに利用しました。シーサーの表面の穴は、この地で銃弾の撃ち合いがあったことを現在に伝えています。

上：自動販売機にもシーサーが
中：屋根で家を守るシーサー
左：沖縄県中頭郡読谷村字宇座の巨大シーサー
　（残波大獅子、写真提供：OCVB）

京都の私の家にも一対のシーサー

　京都の私の家にも一対のシーサーがいます。右のシーサーは口を開いた「阿形＝あぎょう」で、左のシーサーは口を閉じた「吽形＝うんぎょう」をしています。両方合わせて「阿吽の形」といいます。阿吽は仏教で唱える言葉の一つで、「あ」は口を大きく開いて出す最初の音、「ん」は口を閉じて出す最後の音で、宇宙の始まりと終わりです。
　私の家のシーサーは強風で飛んできた物がぶつかって耳が取れたり足が折れたりしましたが、大事に手当てをして守っています。シーサーを大事に守る心をシーサーからもらい、その心が自分を守っているように感じます。

沖縄の美しい海と「オジサン」

沖縄の海は美しいです。写真に撮ってきても、「もっときれいだったなあ」と感じます。左の写真は、沖縄県今帰仁村古宇利島の海岸で撮ったものです。

沖縄の海の色を表現するのは大変です。青、緑、青藍色、マリンブルー、エメラルドグリーン、紺青（プルシャンブルー）、紺碧、翡翠色、瑠璃紺、群青色などたくさんの表現が使われますが、「百聞は一見にしかず」です。一度見てみましょう。

おもしろい名前の魚「オジサン」

下あごのひげが「おじさん顔」だから、そのまま「オジサン」と名づけられた魚です。ひげは砂の中のエサを探すセンサーの役割を果たします。

オジサンは「ウミヒゴイ属」に分類される海水魚で、千葉県房総から九州南部の太平洋沿岸、山口県の日本海側から九州北部沿岸、琉球列島、八丈島、小笠原諸島など、けっこう広い海域にすんでいます。水深140メートルぐらいまでのサンゴ礁域で暮らしています。

上：オジサン（写真提供：OCVB）
左：沖縄の郷土料理「マース煮」
（写真出典：沖縄釣り体験倶楽部
https://fishing-okinawa.com）

ちなみに英語の名前は"five-barred goatfish"で、「5本の縞模様のあるヤギ魚」という意味です。ひげは日本のように「おじさん」ではなく、外国ではヤギを連想させたようです。

「オジサン」は食材として広く利用されています。刺身もおいしいですが、煮つけは沖縄の郷土料理「マース煮」として親しまれています。骨離れが良く、白身にはクセがなく、皮には甘みがあって、煮汁は魚から出るだしでとてもおいしい料理です。

美ら海水族館から沖合に伊江島が見える。中央の山は伊江島のシンボル「城山（グスクヤマ）」

美ら海水族館から見える伊江島

　沖縄本島は「も」という字に似ていますが、上の横棒のところが本部半島で、ここにある「美ら海水族館」は沖縄の美しい海との出会いの場として観光名所になっています。

　水族館から北西の方向に平安時代の市女笠（　　）に似た形の伊江島が見えますが、ここは第2次世界大戦中の「沖縄戦」の中でアメリカ軍と日本軍の激しい戦闘があった島で、6日間で日本兵約2000人、住民約1500人が亡くなりました。

　戦後、伊江島にはアメリカ軍の軍事基地がおかれ、1969年代のベトナム戦争では、戦場にアメリカ兵を送り出すために、また、核兵器の投下訓練をするために使われました。今は平和に見える島ですが、歴史をしっかり学ぶことが大切です。

「美ら海水族館」にはサンゴ礁の巨大な水槽があり、大迫力です。大きなエイの仲間「マンタ」や、体長10メートル近い「ジンベエザメ」が飼育されています。

　1975年に沖縄国際海洋博覧会が沖縄県本部町で開かれましたが、「美ら海水族館」はその跡地を利用した海洋博公園につくられました。沖縄の豊かで美しい海を展示するこの水族館は、「沖縄の海との出会い」の場として人気を博しています。

※沖縄美ら海水族館：〒905-0206 沖縄県国頭郡本部町石川424
　（電話:0980-48-3748）https://churaumi.okinawa/
沖縄海洋博公園　http://oki-park.jp/kaiyohaku/

沖縄の自然

ひめゆり平和祈念資料館のガジュマルの木
（撮影：安斎育郎）

ガジュマルの木

　沖縄で出会う木といえば、やはり「ガジュマル」です。「からまる」とか「風を守る」が語源だという説がありますが、よく分かっていません。

　ガジュマルの特徴は「気根」です。

　木の根っこは普通は地中に伸びますが、幹から空中に伸びる根があるのです。空気中から栄養分や水分をとったり、地面に垂れ落ちて地中に根を張って養分の摂取や木の支えの役割を果たしたりしますが、気根が幹と絡みついて独特の雰囲気を作り出します。

　東アジアの熱帯地方に広く分布していますが、日本では屋久島や沖縄で見られます。木の高さは20メートルにも達しますが、イチジクに似た実が赤く熟すと、鳥やコウモリが食べにきます。

ガジュマルと沖縄戦

　沖縄戦の激戦地だった伊江島に「ニーバン・ガズィマール」と呼ばれるガジュマルの木があります。実は、日本が戦争に負けたことを知らずに、2年間もこの木の上で過ごした二人の日本兵がいたのです。

　木に逃げ登った二人は見つからないように枝を細工し、夜になると降りてきてアメリカ軍基地のゴミ捨て場から食べ物や衣類を拾いました。

　終戦2年目の1947年3月、慶良間諸島などに強制移住させられていた住民が島に戻って二人を発見しました。

伊江島のガジュマルの木（撮影：安斎育郎）

——イリオモテヤマネコ、ヤンバルクイナなどの固有種

　沖縄は「東洋のガラパゴス」と呼ばれることがあります。「ガラパゴス」というのは赤道直下の国エクアドル領の「ガラパゴス諸島」のことで、島が他の地域から切り離されて孤立していたために、生物がこの島でしか見られない独特の進化を遂げたことで良く知られています。

　沖縄には約6000種近い動物が生息していますが、沖縄が「東洋のガラパゴス」と呼ばれるのは、イリオモテヤマネコ、リュウキュウイノシシ、オキナワトゲネズミ、ヤエヤマオオコウモリ、ノグチゲラ、ヤンバルクイナ、リュウキュウキンバト、リュウキュウヤマガメ、オキナワイシカワガエル、ヤエヤマハラブチガエル、トカゲハゼ、イトマンマイマイ、ヤンバルテナガコガネ、リュウキュウトビナナフシ、イリオモテボタル、クメジマボタルなど、世界のここでしか見られない動物がたくさんいるからです。

　「生き物の宝庫」とも呼ばれる沖縄の自然は、長い間につくられた自然界のバランスの上に保たれているので、人間が急に環境を変えてしまうと、かけがえのない沖縄の希少生物が絶滅の危機にさらされる恐れがあります。

イリオモテヤマネコ（写真提供：OCVB）

　沖縄県西表島だけに生息するネコ。国の特別天然記念物。絶滅危惧種（絶滅するおそれのある動物種）で生息数は100頭ぐらい。減りつつある。体長50〜60センチ、体重3〜4キロ。小さい哺乳類、鳥、カエル、昆虫などを食べる。環境の変化や交通事故、飼い猫からうつされる伝染病などにおびやかされている。

ノグチゲラ（写真提供：OCVB）

　沖縄にしかいない固有種で、国の特別天然記念物。1990年代には最大500羽と推定されたが、現在の生息数は不明。森林伐採やダムや林道の建設、農地開発などでノグチゲラがすめる天然林が減少した。ハシブトガラス、ノネコ、マングースの犠牲になることもある。東村はノグチゲラ保護条例をつくった。

ジュゴンと米軍基地問題

ジュゴンという海にすむ哺乳動物を知っていますか？

沖縄では、ジュゴンは、海のかなたや海底にあると信じられてきた理想郷「ニライカナイ」の神がこの世に来るときの乗り物だという伝承や、助けたジュゴンが津波の到来を教えてくれたという言い伝えがあります。

インド洋、西太平洋、紅海などに生息する哺乳動物で、沖縄が北限（これ以上北には生息できない限界）といわれています。海草を食べて体長3メートル、体重450キロという大きな体を支えています。日本近海にすむ海の哺乳類では、唯一、草食動物です。餌にしている「海草」は、わかめや昆布などの「海藻」ではなく、海底に根を張って花も実もつける植物で、サンゴ礁のある海の浅瀬に生えます。沖縄の辺野古の海は、そんな美しい海です。

（写真提供：OCVB）

ジュゴンはこれまでも、第2次世界大戦後の食糧難の時代に食用に乱獲されて激減したことがありましたが、今は新しい問題が起こっています。宜野湾市にあるアメリカ軍の普天間飛行場がとても危険なので、それをここ名護市辺野古のアメリカ軍基地（キャンプ・シュワブ）の沿岸部に新しい飛行場を作って移転させようという日本政府の計画が進められているのです。

沖縄県の人たちの多くがこの計画に不安をもっており、国と沖縄県の間で対立が続いています。

辺野古の埋立地

ヤンバルクイナ（写真提供：OCVB）

沖縄県北部の山原地域にだけ生息しているクイナで、1981年に新種と認定された。最近20年ほど、ヤンバルクイナの個体数は減りつつあり、日本で一番絶滅の危機が迫っていると言われている。国の天然記念物。マングースやノネコ被害、交通事故、ダムや道路建設による天然林の減少が危機の原因になっている。

クメジマボタル（写真提供：久米島ホタル館）

沖縄本島の西100キロの久米島にだけ生息するホタル。1993年に発見された。ゲンジボタルやヘイケボタルと同様、幼虫が水中で過ごす珍しいホタルで、沖縄が大陸とつながっていた時代からの生き残りと考えられる。体長1.4～1.6センチで、オレンジ色の光を放つ。沖縄県指定天然記念物で、環境省絶滅危惧Ⅱ種。

沖縄の自然洞窟：ガマと戦争

「ガマ」と聞くと「ガマガエル」を思い出すかもしれませんが、沖縄で「ガマ」といえば「自然にできた洞窟」のことです。

1945年3月～6月、アメリカを中心とする連合軍の兵士が慶良間諸島から沖縄本島に上陸し、沖縄は壮絶な地上戦の舞台になりました。家を追われた住民たちはガマに身を隠しましたが、ガマを利用したのは住民だけではありませんでした。日本兵たちもガマを利用し、そこを司令部や野戦病院にしました。そして、先に入っていた住民たちに立ち退くよう強制したり、傷病兵の世話をさせたりしました。日本兵に銃を突きつけられてガマを追われ、銃弾が飛び交う中を逃げる途中で命を落とした住民も少なくありませんでした。

読谷村にあるチビチリガマは、1945年4月1日にアメリカ軍が上陸した海岸の近くにあります。その頃、約140人の住民がこのガマに避難していましたが、当時の日本では、「捕虜になるのは恥だ」という考えが支配的だったため、住民たちは4月2日に集団自決を図りました。みんないっしょに自殺を図ったのです。「自殺」というよりは、「集団強制死」というべきだとも言われています。83人が亡くなり、そのおよそ60％は18歳以下の若い住民でした。

2017年9月に、このチビチリガマが4人の少年たちに荒らされるショッキングな事件が起こりましたが、少年たちは「ガマの歴史を知らなかった」ということです。事実を知ることはとても大切なことです。

チビチリガマ（沖縄県読谷村）

23

沖縄の伝統文化

── 琉球舞踊、エイサー

沖縄には昔から伝わるいろいろな伝統文化があります。

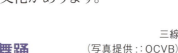

三線
（写真提供：：OCVB）

琉球舞踊

　沖縄は19世紀に日本の県の一つになるまでは「琉球王国」という独立国でした。琉球王国は中国大陸の明と深い関係をもち、琉球王国の国王は中国皇帝から任命される「冊封」という形をとっていました。琉球国王は、任命式に訪れる中国皇帝の使者（冊封使）を「琉球舞踊」で歓迎しました。とても美しい衣装や笠、笛・太鼓・三線などさまざまな楽器、踊りのテーマやストーリー。琉球古典舞踊には、高い文化が集約されています。

　明治時代以降は新たに人々の生活や情感をテーマにしたいろいろな踊りが創作され、琉球古典舞踊は今でもたくさんの人々に受け継がれ、楽しまれ、代表的な沖縄の芸能文化の一つになっています。

琉球舞踊四つ竹（二枚とも　写真提供：OCVB）

カチャーシー

　沖縄ではパーティや宴会(えんかい)の席でよく「カチャーシー」を踊ります。両手を上げ、テンポの速い沖縄民謡(みんよう)にあわせて手首をまわしながら左右に振(ふ)って踊ります。「かきまわす」という意味の言葉の沖縄方言がもとで、頭の上で手をぐるぐるまわしながら左右に振るしぐさが「かきまわす」ように見えるためです。「沖縄に来たなあ」という感じがします。

カチャーシー（写真提供：OCVB）

エイサー

　エイサーは、若(わか)い踊り手たちが、心をゆさぶるような太鼓と勇壮(ゆうそう)なかけ声で踊る沖縄や奄美大島(あまみおおしま)（鹿児島県(かごしまけん)）に伝わる踊りで、もともとは、お盆(ぼん)の時期にあの世からこの世に帰ってくる先祖の霊(れい)を送(おく)り迎(むか)えするために踊られたものです。17世紀のはじめ、袋中上人(たいちゅうしょうにん)（福島出身の僧(そう)）が沖縄で仏教を布教し、お盆の季節に「念仏踊り」を踊る習慣が広まったのが始まりです。青年たちがエイサーを踊りながら地区の道を練り歩きます。今ではお盆の行事だけでなく、パフォーマンスとしても演じられる沖縄芸能です。

上：エイサーを踊りながら道を練りあるく「道じゅねー」（写真提供：OCVB）
下：エイサー（写真提供：OCVB）

沖縄の伝統スポーツ

——空手（Karate）の国際化

今、空手（Karate）はオリンピック種目にもなっている国際的スポーツです。世界190か国以上に1億人もの空手愛好者がいます。

もともと琉球王国時代の沖縄が発祥の地で、格闘技でありながら「礼儀」や「心の鍛練」や「戦わず勝つ姿勢」などに重きを置いています。

沖縄空手会館で組手（写真提供：OCVB）

空手の種目には、「形（かた）」と「組手（くみて）」があります。

「形」は2人一組で競いますが、演武は一人ずつ行います。見えない敵を相手に攻撃と防御の技の「形」を正確に、美しく、すばやく、ピタリピタリと決めていきます。おそろしいほどの緊張感が試合場を支配します。「形」は何十種類もあって、それぞれにスーパーリンペイとかクルルンファとか面白い名前がついていますが、競技者は「どの形を演じるか」をあらかじめ宣言しなければなりません。2人の演武が終わった後、5人の審判が旗を上げて判定します。

「組手」は8メートル四方の試合場で2人が対決して行います。技には「突き」「打ち」「蹴り」などがあって、効果的な技を決めた選手にポイ

形（写真提供：OCVB）

沖縄空手会館前で形の演舞（写真提供：OCVB）

ントが入り、男子は3分間、女子は2分間の総合ポイントで勝敗が決まります。相手のどこを攻撃してもいいのではなく、上部（頭・顔・首）と下部（胸・腹・背中・脇腹）と決まっており、それ以外を攻撃するのは禁止です。しかも、「寸止め」といって、実際に相手を打ちのめすのではなく、相手の体に手足が当たる寸前でコントロールしなければなりません。

形も組手も、沖縄の空手の選手たちは「世界一」を競いあう水準です。

戦わずして勝つ

　武道と聞くと「相手を打ちのめすための武術」という印象が強いかもしれませんが、空手は違います。

　空手の修行者は「自分から争いのもとをつくらず、できる限り争いを避けなければならない」とされています。空手は「人を傷つけるための武術」ではなく、まず「耐えること」を学び、心の中の敵意や闘争心、相手をあなどる心を克服し、心を研ぎ澄まして平静にコントロールすることを目指します。

戦前、首里城での空手の演武のようす

「人に打たれず、人を打たず、すべて事なきを良しとする」とか、「完成された態度で戦わずして勝つ」という言葉が残されています。空手は、なかなか奥が深いスポーツです。

10月25日は空手の日

　1936年10月25日、有名な空手関係者が集まって、「空手」について話し合い、空手は新たなスタートを切りました。

　沖縄県議会は、世界に誇る沖縄の空手文化がますます発展し、世界の平和と人々の幸福に貢献することへの願いを込めて、2005年3月、10月25日を「空手の日」と制定しました。

27

1 沖縄の日本一 出生率が高く、死亡率が低い

　2016年の沖縄県保健医療部の発表によれば、沖縄県の人口千人当たりの出生率は11.6人で、43年連続で日本一でした。1日あたり平均45.5人が生まれたので、沖縄では31分38秒に1人の割合で生まれたことになります。

　一人の女性が一生のあいだに産む子どもの数のことを「合計特殊出生率」というのですが、沖縄は1.95人で日本一高く、最下位の東京の1.24人よりもはるかに上です。全国平均は1.44人です。

　村や町などの自治体別の出生率全国ランキングをみると、上位10位までのうちの半分は沖縄の離島です。沖縄の離島で出生率が高い理由は、①温暖な気候で豊かな自然に恵まれていること、②地域の人々が助けあい、支えあいながら暮らしていることが関係していると言われています。

全国と沖縄県の出生率の変化（厚生労働省および沖縄県の統計資料から作成）

「ひのえうま現象」＝日本には60年で一まわりする「干支（えと）」で年を表す習慣があります。例えば2020年は「かのえね（庚子）」です。1966年は「ひのえうま（丙午）」だったのですが、この年に生まれた女性は「火のように気性が荒い」という迷信がありました。そのため多くの人が出産を避け、出生率が激減しました。2026年が次の「ひのえうま」ですが、皆さんは信じませんよね。

　沖縄がアメリカから日本に返還された1972年以降ずっと、沖縄県の出生率（合計特殊出生率）は全国平均を上まわっていますが、全国平均と同じように、1970年代・80年代よりも低くなっていることがわかります。

　人口を維持するためには、1組の夫婦が少なくとも2人以上の子をもつことが必要ですが、日本では出生率が一番高い沖縄でもそれを下まわっています。このままだと日本の人口は減りつづけ、2050年には今より2400万人も減ると予想されています。とくに若い人たちが減って高齢者がふえる「少子高齢化社会」になると、①働く人が減って生産が減り、経済が悪化する、②高齢者を支えるための若い人たちの負担が増える、などの問題を解決しなければなりません。

──沖縄の死亡率は全国一低い

　沖縄県というと「健康長寿の県」というイメージがありますが、どうなのでしょうか？
2016年の発表では、沖縄県民の死亡率は「人口千人当たり8.2人」で、15年連続で日本一低い水準でした。一日あたりの死亡者数は32.1人で、およそ45分に1人の割合で亡くなりました。28ページで見たように、生まれた人は1日あたり45.5人、亡くなった人が1日あたり32.1人ですから、1日あたり13.4人ずつ、1年間では4,900人ぐらい増えたことになります。「めでたしめでたし」という感じですが、ちょっと別の面から考えてみましょう。
　「平均寿命」というのを知っていますか？　「平均して何歳まで生きるか」を表す数値ですが、図のように沖縄県では男女とも少しずつのびてきました。「素晴らしい！」という前に、もう一つの事実にも目を向けてみましょう。

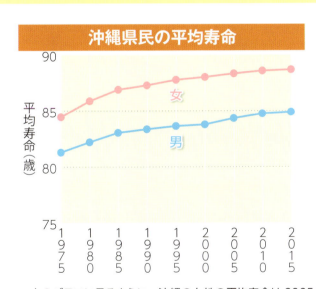
沖縄県民の平均寿命

沖縄県民の平均寿命の全国順位

　上のグラフに見るように、沖縄の女性の平均寿命は2005年までは全国第1位でしたが、最近ちょっと下がり始めました。しかし、もっと深刻なのは沖縄の男性の平均寿命の全国順位で、1985年までは全国1位だったのに、最近の調査では36位にまで下がってしまったことです。一時は、沖縄県民のように健康的な食生活やゆったりした生き方をしていれば長生きできるというので、世界のお手本のように言われていたのに、いったい何が起こっているのでしょうか？
　沖縄県民の死亡原因の第1位は「がん」、第2位が「心臓病」、第3位が「脳梗塞」など脳の血管の病気、第4位が「肺炎」、第5位が「老衰」です。沖縄県の男性で目立ったのは「心筋梗塞」や「脳梗塞」などの血液系の病気が増えたことでした。
　これらの病気は「生活習慣病」と呼ばれることもありますが、原因は、①車に頼り過ぎた生活による運動不足、②食べ過ぎやアルコールの飲みすぎ、③脂肪分の取りすぎ、④野菜不足、⑤（騒音や失業などの）ストレス、などと考えられています。
　これまでの「長寿県沖縄」のイメージは65歳以上の年配の人々によってつくられてきました。若い人たちにも健康生活の知恵が受けつがれるといいですね。

沖縄県ってどんな県?

——沖縄県の基本データ

沖縄県には約144万人余りの人々が暮らしています。しかし、沖縄を訪れる観光客が年間1000万人近い「観光の島」でもあります。

沖縄には大小160ほどの島があり、沖縄本島、宮古島、石垣島、西表島など、49の島々に人が住んでいます。沖縄の総面積はほぼ東京都と同じで、47都道府県の44番目の小ささです。それにもかかわらず、全体の8%近くが米軍基地で、第2位の静岡県の1.15%を大きく引き離したダントツのトップです。

「輝く太陽と美しい海」で知られる沖縄ですが、意外なことに、年間の快晴日数はわずか7日ほどで、全国平均の28日よりはるかに少なく、ぶっちぎりの最下位です。降水量は全国第5位でかなり多いのですが、慢性的な水不足を解決するため、沖縄本島の北部に6つのダムが築かれています。最近では、豊富な海水を真水に変える「海水淡水化施設」も南北大東島などの離島だけでなく、沖縄本島の北谷町にも設置されています。また、沖縄の家々の屋上には貯水タンクが見られます。

沖縄県の県のマークは3つの円形模様で構成されています。沖縄がアメリカ軍から日本に返還された1972年5月15日に定められました。一番外側の赤丸は、沖縄県を囲む海を表現しています。真中の白い円は、アルファベットのOで"Okinawa"を表していますが、同時に、人の輪(和)も意味しています。一番内側の赤丸は、沖縄県の発展性の象徴なのだそうです。つまり、このマークは「海洋+平和+発展」を意味しているのですね。皆さんの都道府県のマークのいわれは知っていますか?

沖縄県の産業は、農業や漁業などの第1次産業がわずかに1.6%、建設業や製造業などの第2次産業が12.3%で、85.9%は商業や観光サービス業などの第3

■ 沖縄の天気

	沖縄	ランキング	全国平均
快晴日	7日	最下位	28日
最高気温の高さ	32.1度	5位	30.7度
最低気温の高さ	14度	1位	
年間平均気温	23度	1位	
降水量	2585mm	5位	1757mm

珊瑚の海を泳ぐクマノミ（写真提供：OCVB）

グルクン（タカサゴ、写真提供：OCVB）

次産業です。温暖な気候を利用して野菜や花の栽培が盛んになりつつありますが、何と言っても沖縄県の最も主要な産業は観光業です。

　沖縄の島じまは、美しいサンゴ礁で囲まれています。サンゴは一見植物のようにも見えますが、サンゴ虫という動物が集まって形づくられています。海の色はあざやかなコバルト・ブルーです。沖縄の近くには「黒潮」とよばれる海流が北向きに流れていますが、プランクトンや微生物が少ないため、水の色が透きとおり、あざやかなコバルト・ブルーをしているのです。沖縄の海でとれる「グルクン」（たかさご）という魚は、25cm ほどの色鮮やかな魚で、味もおいしく、沖縄の人々に親しまれています。そのため、「グルクン」は「県魚」に指定されています。

■ 沖縄の産業

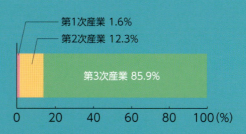

　沖縄本島の北部のジャングル地帯は「ヤンバル」と呼ばれ、ヤンバルクイナなどの珍しい動物がすんでいます。また、西表島にもイリオモテヤマネコのような、世界中でこの地域にだけ生息する動物が見られます。沖縄には約 6000 種類近い動物が生息しています。

　植物ではデイゴやサトウキビが有名ですが、果物ではパイナップルやマンゴーもおなじみです。デイゴは高さが 10 m ほどにも成長するマメ科の木で、南国の情熱を思わせる真っ赤な花は「県花」に指定されています。サトウキビは沖縄ではウージと呼ばれ、さかんに栽培されています。今は収穫に機械も使われますが、昔は手作業で、そのための共同作業は「ゆいまーる」と呼ばれました。沖縄のモノレールのニックネーム「ゆいレール」の「ゆい」は、「ゆいまーる」からきています。

山原（ヤンバル）の森（写真提供：OCVB）

沖縄県の花デイゴ（写真提供：OCVB）

沖縄県のいま 1
観光の島

　沖縄の美しい自然とユニークな文化は、驚くほどバラエティに富んだ観光資源を提供しています。まず、自然を見てみましょう。

　八重山諸島のなかでも波照間島からは、北半球ではあまり見えない「南十字星」を見ることができます。沖縄の漁師ウミンチュ（海人）は、「ニヌファブシ」（北極星）を目安に漁に出たということで、沖縄の民話には星に関するものが少なくありません。

　海が好きな人には、一年中潜ることのできる沖縄のダイビングは魅力的です。200種類にも及ぶサンゴの美しさ、海中鍾乳洞探検、マンタ（オニイトマキエイ）やウミガメとの出会いも楽しめます。

　マングローブの林をカヤックで探検したり、ヤンバル（山原）の森のトレッキングを楽しんだり、ホエール・ウォッチング（クジラの観察）や天然記念物の珍しい動植物を観察したりするガイドつきの体験ツアーも面白いでしょう。

　沖縄の人びとの文化に目を向けてみましょう。

　独特の節回しの三線と、楽しそうな踊り「カチャーシー」は、いかにも沖縄の民衆文化を感じさせます。沖縄戦を生き延びた人々が心の傷を癒したのも、三線でした。胴は「空き缶」、棹は「米軍のベッドに使われていた樫の棒」、絃は「電線」で作った三線は「カンカラ三線」と呼ばれ、人びとの心の支えになりました。

　本土の盆踊りにあたる「エイサー」も沖縄の伝統芸能として有名です。太鼓や三線の伴奏と地謡に合わせてにぎやかに踊ります。

　もちろん、琉球王朝時代の優雅さを伝える琉球舞踊も欠かせません。中国や薩摩からの客を

観光名所「万座毛」（写真提供：OCVB）

実は、沖縄の前身である琉球王国は、日本、中国、朝鮮、東南アジアと深い関係をもっていた。そのような外交や貿易をとりしきっていた中心が、琉球王国の国王が住んでいた「首里城」で、今では世界遺産にも登録されている観光名所になっている。

沖縄の町を歩くと「石敢當」と刻んだ石碑に出会う。中国から伝えられた「災い除けのまじない」だ。「妖怪と勇敢に戦った若者の名前」という説や、「石のような強さで勇敢に敵に当(當)たるという意味だ」という説がある。沖縄が、昔、中国と交流していたことを感じさせる。(写真提供：OCVB)

もてなすために、沖縄の民俗芸能に工夫を加えて創作され、洗練された民俗芸能です。

　琉球王国の歴史は約450年続きましたが、1879年、日本政府が軍隊を送って国王を首里城から追放し、沖縄県を設置しました。やがて沖縄は日本の戦争政策に巻き込まれ、1945年、首里城はアメリカ軍の攻撃で姿を消しました。それが再建されたのは1992年、沖縄戦による焼失から47年後のことでした。

　ところで、沖縄の文化といえば、独特の食文化を忘れることはできません。ゴーヤーチャンプルー（ゴーヤー・豆腐・ポークを炒めた料理）、ミミガー（豚の耳の皮と軟骨の料理）、足テビチ（豚の足を煮込んで、ゼラチン状にした料理）などは、ポピュラーです。沖縄は緑黄色野菜の摂取量が全国平均の2倍もあり、豚肉や豆腐なども入るので栄養的にも優れものです。

▶沖縄観光についてもっと知るためのサイト紹介
沖縄観光コンベンションビューロー　https://www.ocvb.or.jp/
OKINAWA41　https://www.okinawa41.go.jp/
沖縄IMA　http://www.okinawainfo.net/

ゴーヤーチャンプルー (写真提供：OCVB)

「ゆいレール」の首里駅から歩いて15分で、守礼門に到着する。守礼門は、沖縄サミットを記念して発行された二千円札に印刷されている。(写真提供：OCVB)

沖縄県のいま ②
戦争の記憶の島

　読谷村の波平に「チビチリガマから世界へ平和の祈りを」という記念碑があります。設置したのは「チビチリガマ遺族会」です。チビチリは「尻切れ」、ガマは「洞窟」のことです。記念碑には、次のように刻まれています。

「一九四五年四月一日、米軍はこの読谷村の西海岸から沖縄本島へ上陸した。それは、住民を巻き込んだ悲惨な沖縄戦・地上戦であった。その日のうちに、米兵はチビチリガマ一帯に迫っていた。翌二日、チビチリガマへ避難していた住民約一四〇名中八十三名が『集団自決』をした。尊い命を喪った。

　あれから三十八年後、やっと真相が明らかになった。その結果、八十三名のうち約六割が十八歳以下の子供たちであった。その他、二名が米兵の手によって犠牲になった。

　『集団自決』とは、『国家のために命を捧げよ』『生きて虜囚の辱を受けず、死して罪過の汚名を残すことなかれ』といった皇民化教育、軍国主義教育による強制された死のことである。

　遺族は、チビチリガマから世界へ平和の祈りを、と『チビチリガマ世代を結ぶ平和の像』を彫刻家金城實氏と住民の協力のもとに制作した。しかし、像の完成から七ヵ月後、十一月八日、心なき者らにより像は無残にも破壊された。住民は怒り、遺族は嘆いた。

　全国の平和を願う人々はそのことを憤り、励ましと多大なカンパを寄せた。あれから七年余が経過し平和の像の再建が実現した。チビチリガマの犠牲者の追悼と平和を愛するすべての人々の思いを込め、沖縄戦終結五〇周年にあたり、ふたたび国家の名において戦争への道を歩まさないことを決意し、ここにこの碑を建立する」

　そう、今から70年あまり前、ここ沖縄では悲惨な戦争によって多くの人々の命が失われた悲しい歴史があるのです。

遺族たちの希望により、1995年4月からはガマに入ることが禁止された。遺族にしてみれば、身内の骨が埋まっている土を乱暴に踏まれることが許せなかったのだろう。
（撮影：安斎育郎）

左：焼け野原になった沖縄の町（写真提供：OCVB）
下：火炎放射器で攻撃する米軍兵（写真提供：OCVB）

左：再現した沖縄戦でのガマの中のようす。銃を持った日本軍の兵士が住民を見張っていた（写真提供：沖縄県平和祈念資料館）
下：沖縄戦当時の水筒（写真提供：沖縄県平和祈念資料館）

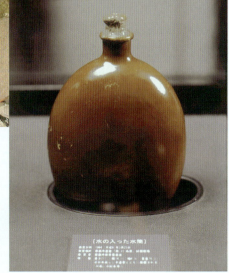

※チビチリガマの出来事については、下嶋哲朗さんの『チビチリガマの集団自決―「神の国」の果てに』（凱風社）があります。

※「集団自決」については、金城重明さんの『「集団自決」を心に刻んで―沖縄キリスト者の絶望からの精神史』（高文研）があります。金城さんは当時16歳で集団自決においこまれ、両親や妹・弟を死なせましたが、自分は生きのびた後悔と絶望の記録です。

35

沖縄県のいま 3
基地の島

　沖縄の米軍嘉手納基地は、沖縄市・北谷町・嘉手納町にまたがる面積約2000万㎡の巨大な軍事基地で、いつも約200機の軍用機が待機している極東随一の空軍基地です。4000m級の滑走路を2本もっています。基地の中には大学まであり、1987年からは沖縄県民の入学も認められています。嘉手納町の場合、町の面積の約80％が米軍基地という驚くべき実態で、以前、日本に来たアメリカ連邦議会議員に実態を紹介すると、「まさか！」というありさまでした。

　嘉手納基地の北側には大きな弾薬庫があり、その面積は約2900万㎡、西太平洋で活動する米軍への弾薬補給センターの役割を果たしています。沖縄が日本に返還される前には毒ガス兵器や核兵器も格納されていた実績もあるため、今でも「もしかすると核兵器が格納されているのではないか」という疑いがもたれています。

　1969年7月、嘉手納弾薬庫区域の「レッド・ハット・エリア」（赤帽区域）に毒ガスが貯蔵されていることが明らかになり、2年後には毒ガス兵器をジョンストン島に移送しました。

嘉手納基地（写真提供：OCVB）

核兵器についても、アメリカの政府関係者が、復帰前には戦術核兵器が貯蔵されていたことを認める発言をしたため、復帰後も核兵器疑惑が残りました。

　弾薬庫がある広大な地域には、比謝川・長田川・平山川・与那原川など水源がある上、絶滅のおそれのある16種類の貴重な動植物も確認されており、多くの人が返還を求めています。

　嘉手納基地のほかにも沖縄にはたくさんの米軍事基地が残されており、県民にとって大きな問題になっています。

嘉手納基地北側にあるレストランやおみやげ屋のある施設の屋上から見た嘉手納基地（撮影：安斎育郎）

楚辺通信所にある「象のオリ」と呼ばれる直径200mの電波基地。アンテナが円形に配置されているので、どちらの方向から来る電波も受信することができる（撮影：安斎育郎）

沖縄国際大学にアメリカ軍のヘリコプターが墜落

　沖縄国際大学のとなりにアメリカ海兵隊の普天間基地があります。海兵隊というのは、海外のたたかいを役割とする「なぐりこみ部隊」です。2004年8月13日、その基地から飛び立ったヘリコプターが、大学の3階建ての本館ビルに激突し、爆発・炎上しました。学生・教職員や住民に死傷者が出なかったのは奇跡的でしたが、アメリカ兵が基地のフェンスを飛び越えて大学構内になだれ込み、本館ビルの周辺に「立ち入り禁止」の非常線を張り、日本人の出入りを禁止してしまいました。そして、日本の警察が証拠を集めるどころか、現場を調べることさえ許さず、まるでイラク戦争のアメリカ軍の姿のようでした。アメリカの軍用機の事故は、1972年以来、墜落45件、緊急着陸・空中接触・離発着の失敗135件、部品などの落下59件も発生しており、沖縄住民はいつも危険にさらされていました。大学構内への墜落事故は、いつ起こってもふしぎはなかったのです。このような悲劇をなくすためには、市街地の軍事基地をなくす以外に方法はありません。

石原昌家さん（沖縄国際大学名誉教授）

沖縄県のいま 4
平和発信の島

　2001年6月22日、「ふるさと切手」として沖縄県の「平和の礎」をデザインした80円切手が発行されました。グラフィック・デザイナーの知念秀幸さんが原画を描いたブルーを基調とする「平和の礎」と赤いハイビスカスの花を配した美しい切手です。

　「平和の礎」は、沖縄戦が終わってから50年目の1995年に糸満市の摩文仁の丘につくられた平和の記念碑群です。沖縄県の歴史と風土の中で培われた「平和のこころ」を広く伝え、世界平和を確立しようという願いをこめて、国籍や、軍人か一般人かなどにかかわりなく、沖縄戦などで亡くなったすべての人びとの名前を刻むためにつくられた記念碑です。沖縄県民については、1945年の沖縄戦以外の戦争で亡くなった人びとの名も刻まれています。

　「平和の礎」は、3つのいとなみの基礎であると考えられています。第1は、戦争で亡くなった人びとを追悼し、平和を祈念するいとなみ、第2は、戦争体験から教訓をくみだし、次の世代に伝えるいとなみ、そして、第3には、心の安らぎと学びの場を与えるといういとなみです。沖縄は、悲惨な戦争の犠牲者を追悼し、教訓を学び、それを次世代に伝える「平和発信の島」としての役割を担おうとしているのです。

沖縄県平和祈念資料館は、日本で最も大きな平和資料館の一つです。沖縄戦の歴史的教訓を次世代に伝え、世界の人々に平和を願う沖縄のこころを訴え、平和の確立に寄与するために作られた施設です。
（写真提供：OCVB）

　沖縄には「平和の礎」以外にも、世界に平和を発信することを目的にした記念碑や資料館・祈念館が数多くあります。「平和の礎」に隣接している大きな「沖縄県平和祈念資料館」、同じ糸満市内にある「ひめゆり平和祈念資料館」、1944年8月22日に沖縄から子どもたちを乗せて鹿児島に向かう途中、アメリカの潜水艦の魚雷攻撃で沈められた対馬丸の悲劇を描いた「対馬丸記念館」など。「観光の島」としての沖縄とは異なる「平和発信の島」としての沖縄を知ることは、とても大切なことでしょう。

「平和の礎」の姿。扇のかなめにあたる部分に円い平和の広場があり、その中央に「平和の火」があります。この円形広場を中心とする同心円状に戦没者の名前を刻んだ石碑が何重にも設置され、それらが世界に広がる「平和の波」を印象づけています。(上：写真提供：OCVB)

■「平和の礎」刻銘者数一覧
（2017年6月23日現在）

	出身地	刻銘者数
日本	沖縄県	149,456
	県外	77,425
外国	アメリカ	14,009
	イギリス	82
	台湾	34
	朝鮮民主主義人民共和国	82
	大韓民国	380
	合計	241,468

石碑には日本人だけでなく、沖縄戦にかかわった外国人の名前も刻まれています。しかし、朝鮮半島から強制的に連れて来られ、戦争の犠牲になった人々の遺族の中には、石碑に名前が刻まれることを拒否した人々もいました。

▶ホームページ
沖縄県平和祈念資料館　http://www.peace-museum.pref.okinawa.jp
ひめゆり平和祈念資料館　http://www.himeyuri.or.jp/JP/top.html

「ひめゆり学徒隊」の一員として

　1945年の春、アジア・太平洋戦争で沖縄県は戦場になり、16万人あまりの県民が亡くなりました。私はその年の3月、「ひめゆり学徒隊」の一員として、222名の学友とともに沖縄陸軍病院に動員されました。そこでの私たちの仕事は、看護・水くみ・飯上げ（食糧の受け取り）・汚物処理・死体埋葬など、ふりしきる弾の中での命がけの活動でした。

　戦争はただ「物を壊し、人を殺すこと」だと知りました。物は修復できますが、亡くした命は絶対にかえりません。この戦争で私たちは青春まっただ中の多くの学友を失いました。二度とあのような悲惨な戦争を起こしてはならないと訴えます。戦争は一度に多くの命を消してしまいます。その罪はどうなっているのでしょうか。戦争だから仕方ないというのでしょうか。

　今、世の中は核兵器・貧困・人権・宗教など難しい問題を抱えていますが、戦争では絶対に平和は生まれません。殺しあうのではなく助け合い、奪いあうのではなく譲りあうことが大事だと思います。若い人たちは常に世界に目をむけて、物事を正しく判断する力をつけてほしいと思います。

　　　　　「ひめゆり平和祈念資料館」元館長　本村 つる

安斎 育郎 (あんざい いくろう)

1940 年東京都生まれ。東京大学工学部原子力工学科卒業。工学博士。現在、立命館大学名誉教授、立命館大学国際平和ミュージアム名誉館長、安斎科学・平和事務所所長、平和のための博物館国際ネットワーク・総務理事。ベトナム政府より、文化情報事業功労者記章受章。第 22 回久保医療文化賞、ノグンリ国際平和財団第 4 回平和賞受賞。著書に『ビジュアルブック 語り伝えるヒロシマ・ナガサキ』全 5 巻 (第 7 回学校図書館出版賞)『ビジュアルブック 語り伝える沖縄』全 5 巻 (第 9 回学校図書館出版賞)『ビジュアルブック 語り伝える空襲』全 5 巻 (第 11 回学校図書館出版賞)『安斎育郎先生の原発・放射能教室』全 3 巻『原発事故の理科・社会』『だまし博士のだまされない知恵』『だまし世を生きる知恵――科学的な見方・考え方』(以上、新日本出版社)、『福島原発事故』(かもがわ出版)、『安斎育郎のやさしい放射能教室』(合同出版)、『霊はあるか』(講談社)、『だます心 だまされる心』(岩波書店) など多数。

装丁・本文デザイン：
株式会社 商業デザインセンター 松田 珠恵

資料提供・取材協力：
沖縄観光コンベンションビューロー (OCVB)、沖縄県平和祈念資料館、沖縄釣り体験倶楽部、久米島ホタル館、竹富町立波照間小中学校、ひめゆり平和祈念資料館、与那国町立久部良小学校 (50 音順、敬称略)

参考資料：
沖縄県公式ホームページ https://www.pref.okinawa.lg.jp、『沖縄から伝えたい。米軍基地の話。』(沖縄県)、沖縄県平和祈念資料館ホームページ http://www.peace-museum.pref.okinawa.jp、『沖縄県平和祈念資料館総合案内』(沖縄平和祈念資料館)、ひめゆり平和祈念資料館ホームページ http://www.himeyuri.or.jp/JP/top.html、『沖縄修学旅行ハンドブック』(平和文化)、沖縄修学旅行ナビ https://education.okinawastory.jp/、おきなわ物語 https://www.okinawastory.jp/、OKINAWA41 https://www.okinawa41.go.jp/、沖縄情報 IMA http://www.okinawainfo.net/、『写真集沖縄戦』(那覇出版社)、Wikipedia (順不同)

シリーズ戦争　語りつごう沖縄
1 沖縄県の自然と文化

2018 年12月25日　初　版　　　NDC210　40P 27 × 22cm

文・監 修	安斎育郎
発 行 者	田所 稔
発 行 所	株式会社 新日本出版社
	〒151-0051 東京都渋谷区千駄ヶ谷4-25-6
電　　話	営業03(3423)8402　編集03(3423)9323
メ ー ル	info@shinnihon-net.co.jp
ホームページ	www.shinnihon-net.co.jp
振　　替	00130-0-13681
印　　刷	亨有堂印刷所
製　　本	小高製本

落丁・乱丁がありましたらおとりかえいたします。
ⓒ Ikuro Anzai 2018
ISBN978-4-406-06325-8 C8321 Printed in Japan

本書の内容の一部または全体を無断で複写複製 (コピー) して配布することは、法律で認められた場合を除き、著作者および出版社の権利の侵害になります。小社あて事前に承諾をお求めください。